かんたんに ひける はじめてのピアノ

ドレミランド 幼児版 THREE〈スリー〉

くおん出版

はじめに

ドレミランド「幼児版」は、幼児専用のやさしくかんたんな、はじめてのピアノ教本として、

幼児版 ONE(ワン)・**TWO**(ツー)・**THREE**(スリー)の3巻で構成されています。

幼児にも無理なく楽しく、音楽に親しみ、自然と音楽性を高め、将来に役立つ音楽の総合的基礎を学習できる教本です。

おんぷのドリル ルン・ルン「幼児版」との併用で、幼児にも「読譜・記譜」の基礎学習が可能で、将来の音楽性向上に大きな効果が得られます。

鹿喰　登江
（ししくい　たかえ）

もくじ

はじめに

𝄢 どれみふぁそ と 𝄞 どれみふぁそ …… 4

(1) どれみふぁそ …… 5

ぜん音符とぜん休符 …… 6

8分音符と8分休符 …… 7

(2) 8分音符 …… 8

(3) ゆびのたいそう …… 9

(4) 音符のかいだん …… 10

スラー …… 12

(5) ゆびのれんしゅう …… 14

(6) ひよこのおつかい …… 16

音符と休符 …… 18

(7) ひよこのランチ …… 20

スタッカート …… 22

(8) かけっこ (9) ジャンプ!ジャンプ! …… 23

五線、線と間 …… 24

線と間 …… 25

𝄞 ら を ひきましょう …… 26

(10) ゆびのれんしゅう …… 27

(11) ゆびのれんしゅう …… 28

(12) かえるのうた …… 29

(13)-① チューリップ …… 30

(13)-② チューリップ …… 32

(14) きらきらぼし …… 34

𝄞 し を ひきましょう …… 36

(15) ゆびのれんしゅう …… 37

(16) ゆびのれんしゅう …… 38

(17) なべなべそ〜こぬけ …… 39

シャープを おぼえましょう …… 40

(18) ふしぎな音 …… 41

(19) 魔女の家 …… 42

(20) ようきな怪獣 …… 43

(21) トロイカ …… 44

高い 𝄞 ど を ひきましょう …… 46

(22) ゆびのれんしゅう …… 47

(23) ゆびのれんしゅう …… 48

1オクターブの指の使い方 …… 50

(24) ゆびのれんしゅう …… 51

(25) こぎつね …… 52

(26) 大きなくりの木の下で …… 54

(27) かっこう …… 56

(28) ゆめの中で …… 58

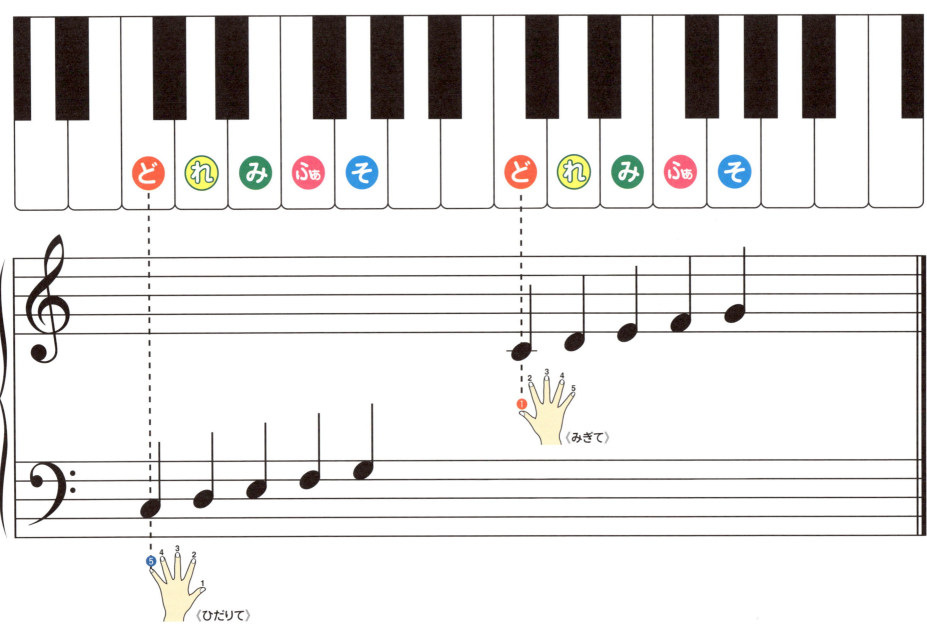

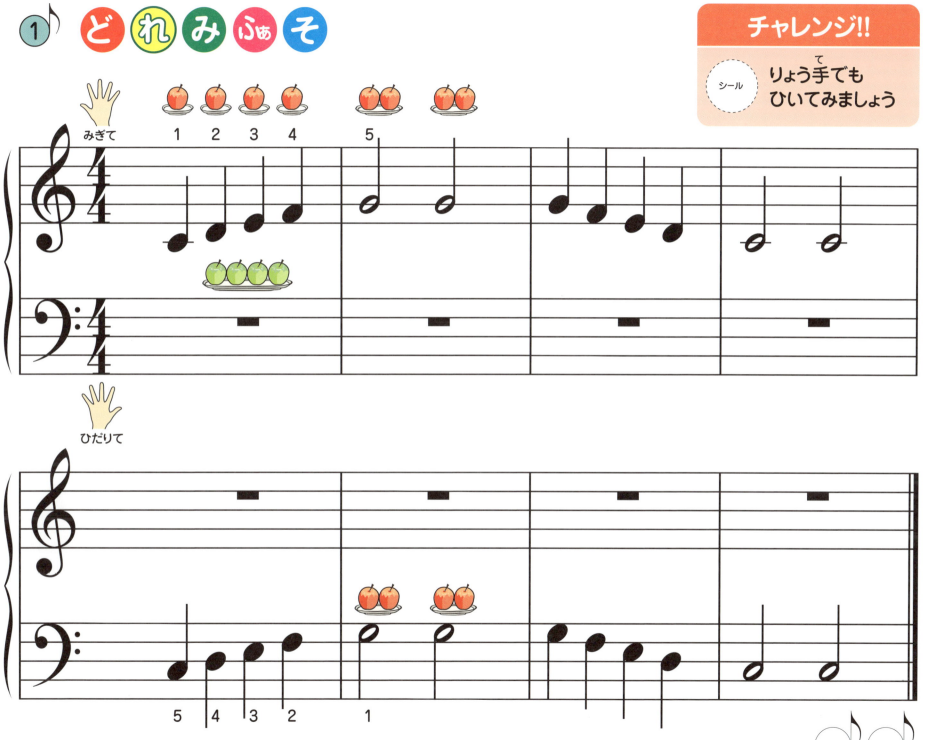

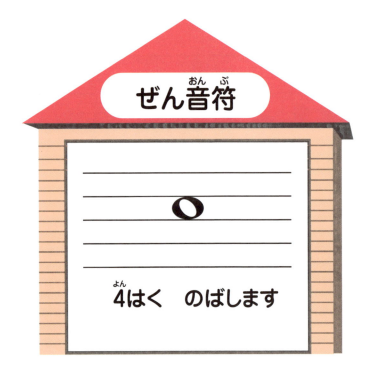 

8分音符と 8分休符

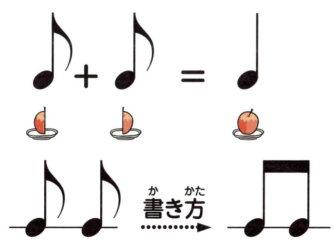

② 8分音符 ♪・♪（半ぱく のばします）

 チャレンジ!!

シール　りょう手でも ひいてみましょう

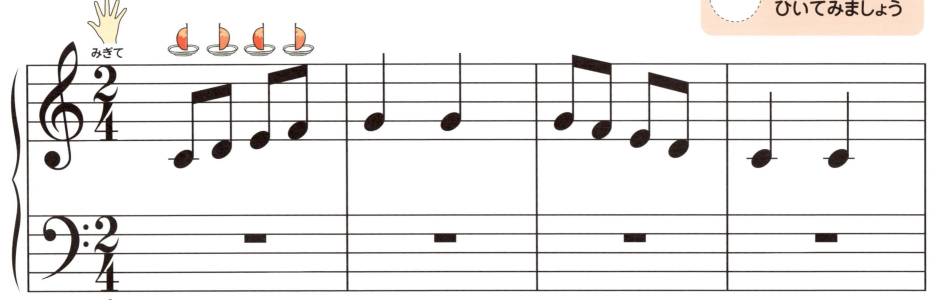

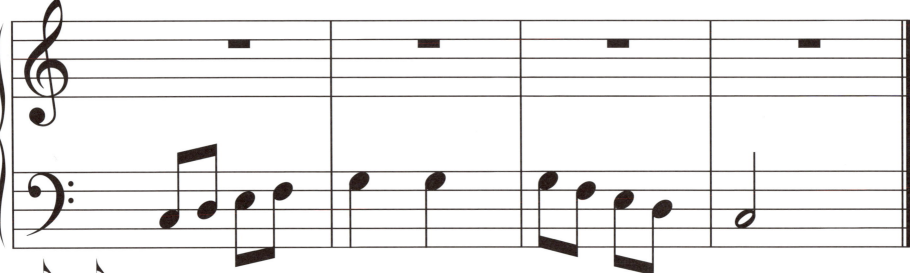

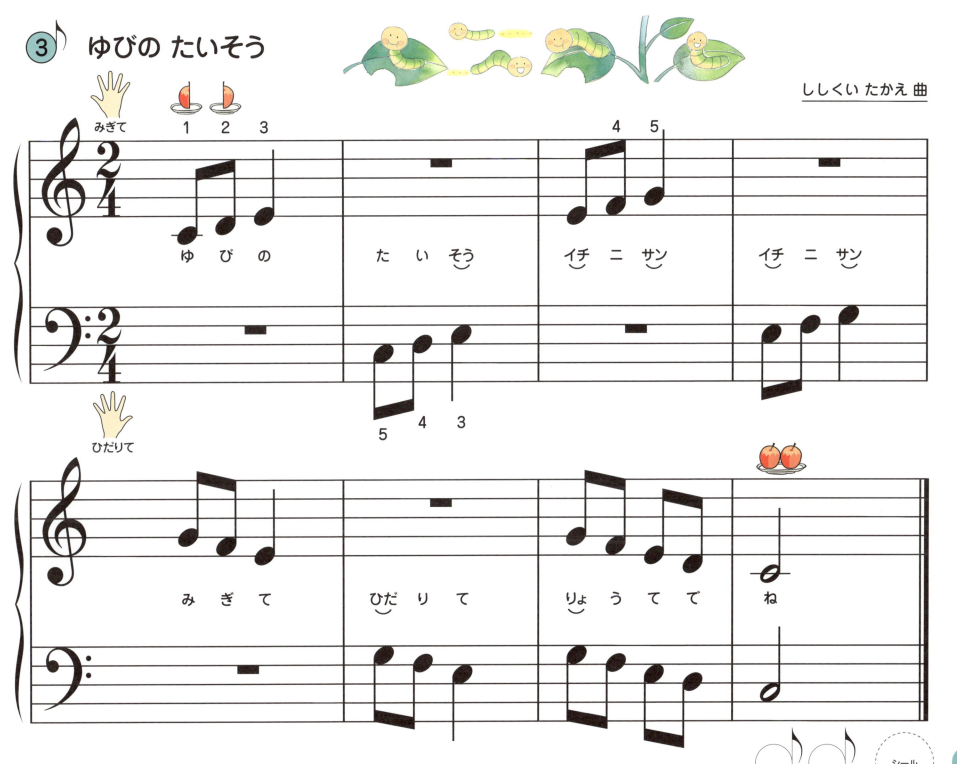

④ 音符の かいだん

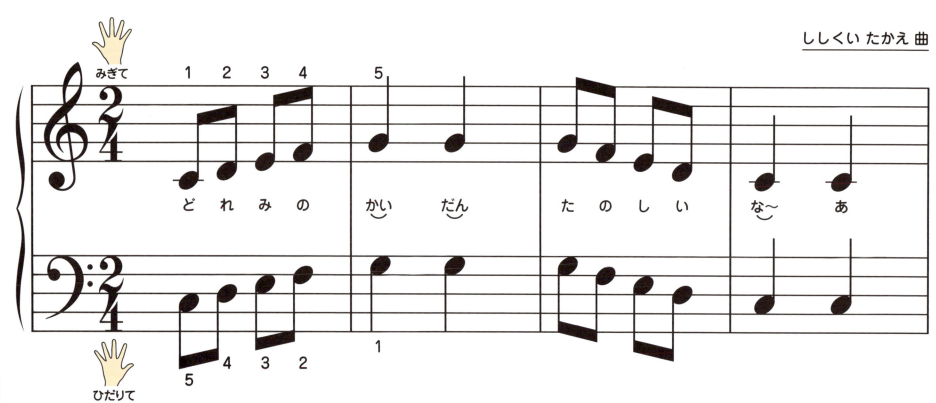

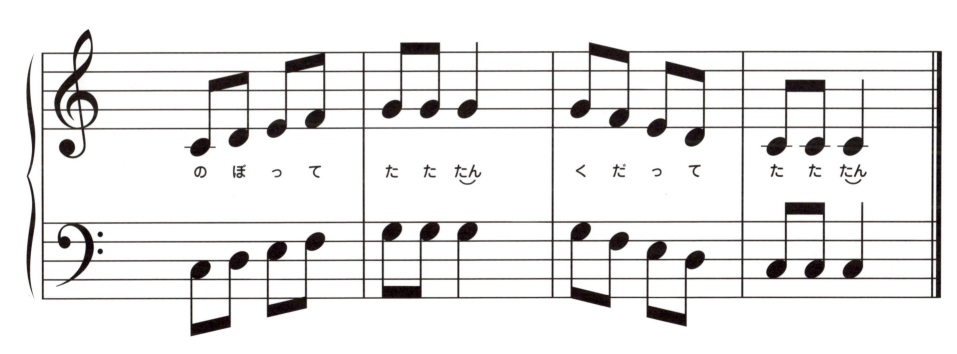

スラー
音を きらずに なめらかにひきましょう

（れんだんの時は 1オクターブ上で ひきましょう）

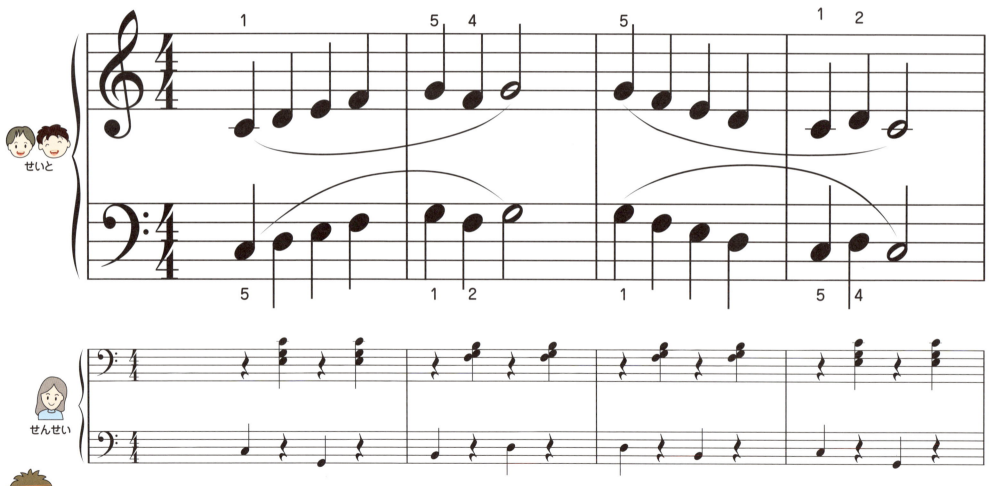

※詳しくは おんぷのドリル「ルン・ルン⑤」で学習します。

5 ゆびの れんしゅう

⑥ ひよこの おつかい

ししくい たかえ 曲

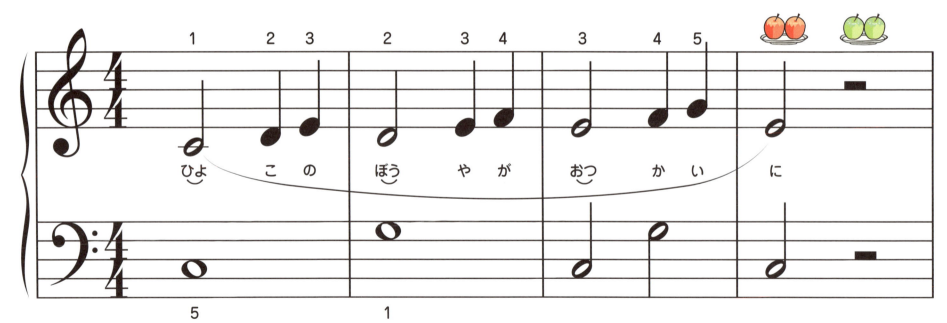

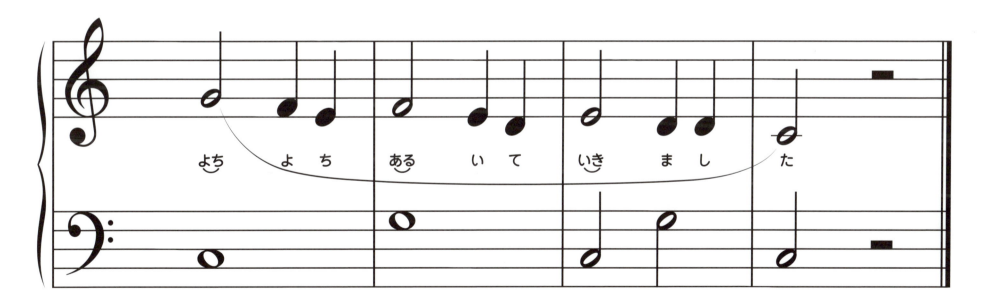

 # 音符と休符

ぜん音符／ぜん休符	2分音符／2分休符
ぜん音符　ぜん休符	2分音符　2分休符

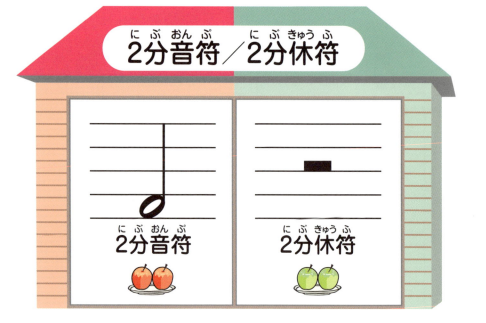

ドリル『ルン・ルン』幼児版 THREE（スリー）14〜21ページ

7 ひよこの ランチ

ししくい たかえ 曲

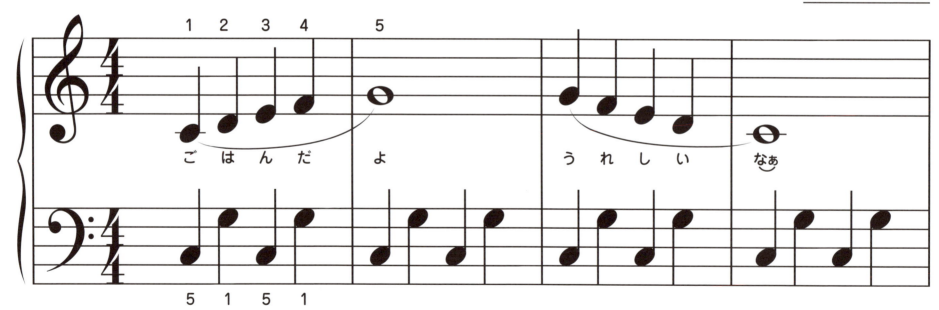

⑧ かけっこ

⑨ ジャンプ！ジャンプ！

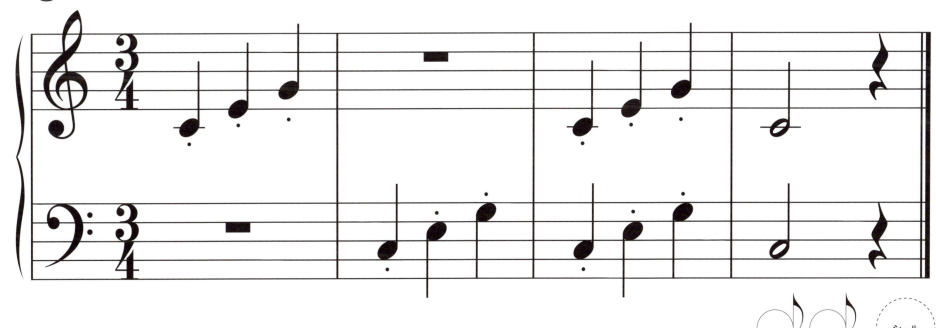

♪ 線

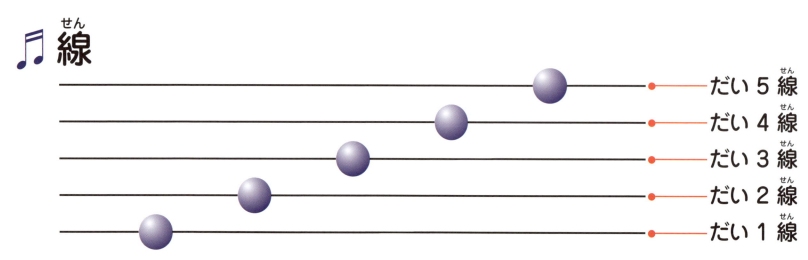

♪ 間

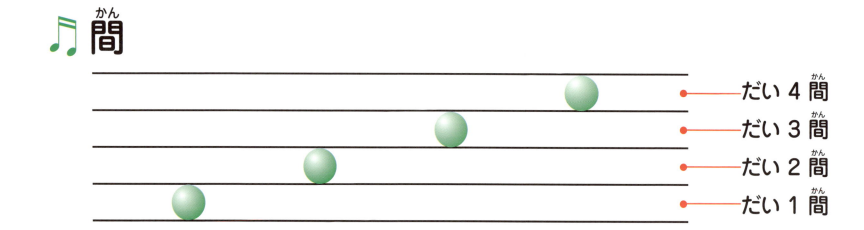

ドリル『ルン・ルン』幼児版 THREE（スリー）26〜31ページ

線と間

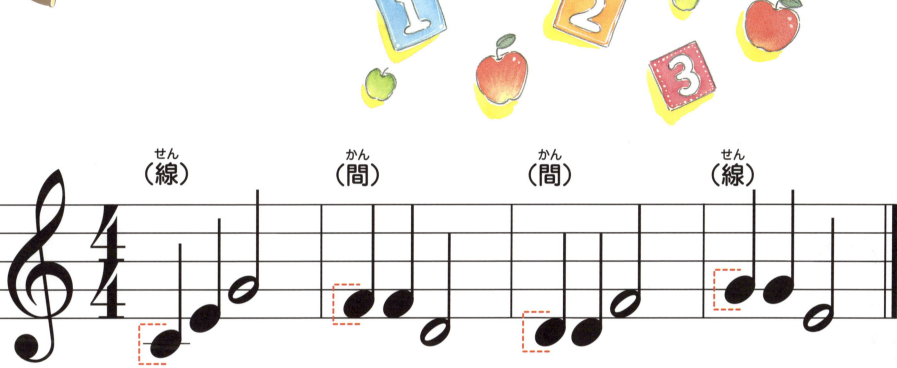
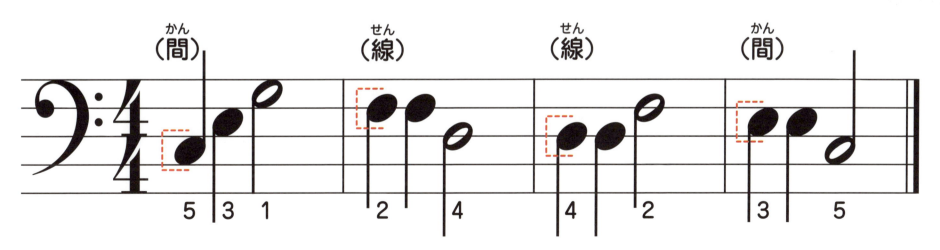

ら を ひきましょう

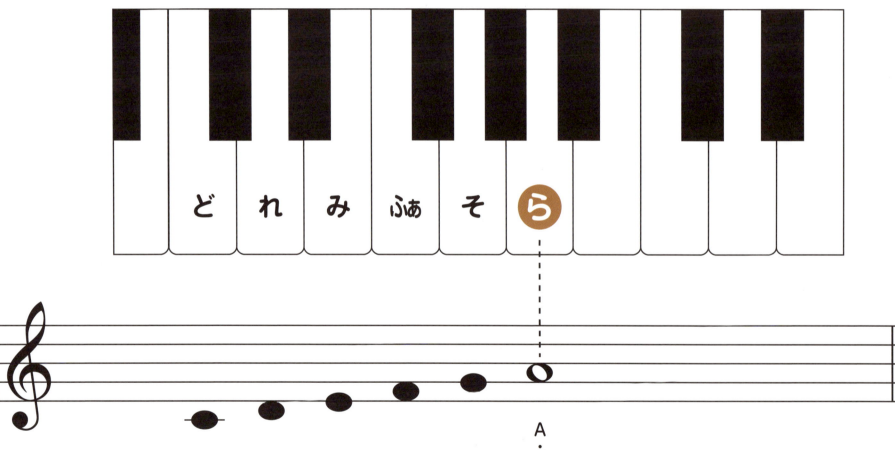

ドリル『ルン・ルン』幼児版 THREE(スリー) 33ページ

先生へのお願い
曲の音階、音域に合わせて、無理なく演奏出来るよう指番号が変わることを、生徒さんにご指導下さい。

⑩ ♪ ゆびの れんしゅう

チャレンジ!!

(シール) りょう手でも
ひいてみましょう
(右手は、1オクターブ上で
ひきましょう)

演奏しやすいように指番号を変えた箇所を赤色で表示しています。　　ドリル『ルン・ルン』幼児版 THREE（スリー）34〜35ページ

11 ゆびの れんしゅう

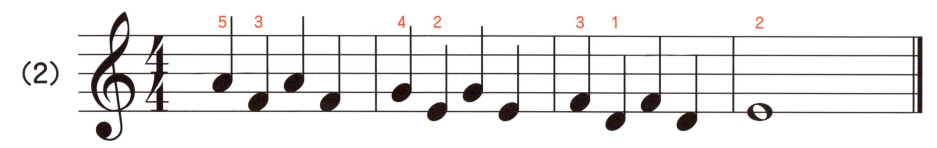

岡本敏明 作詞
ドイツ民謡

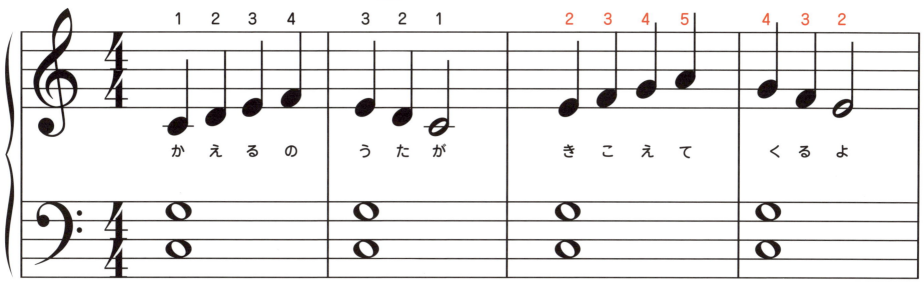

13 チューリップ

近藤宮子 作詞
井上武士 作曲

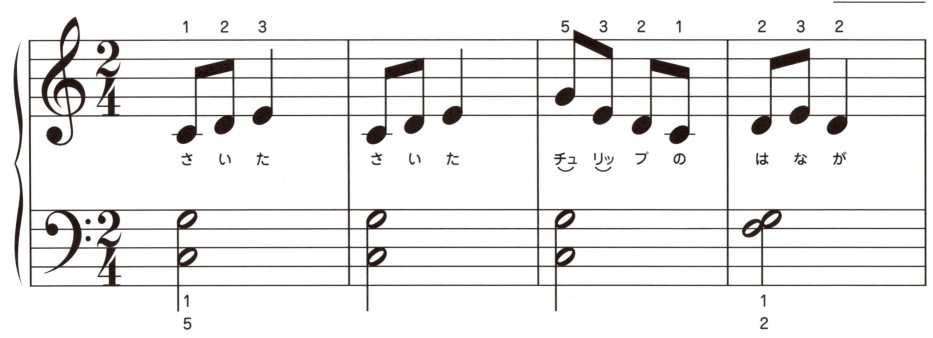

13. チューリップ（ばんそうを かえて ひきましょう）

⑭ ♪ きらきらぼし

武鹿悦子 作詞
フランス民謡

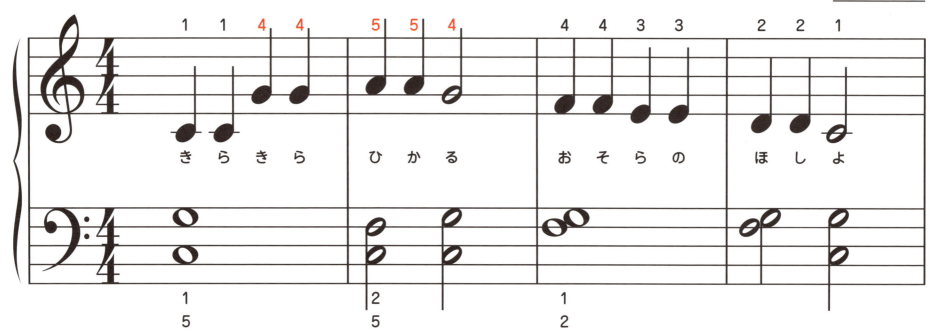

し を ひきましょう

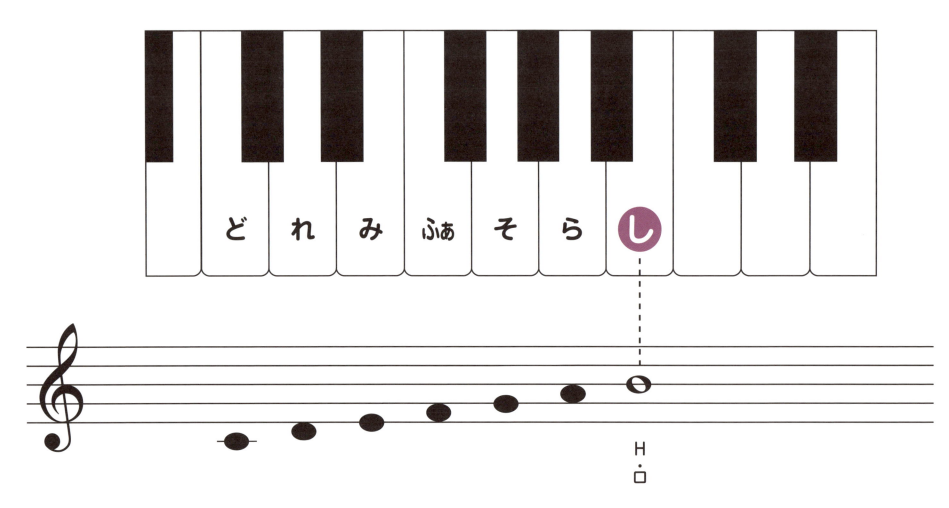

ドリル『ルン・ルン』幼児版 THREE（スリー） 40ページ

15 ♪ ゆびの れんしゅう

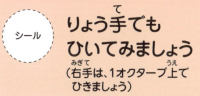

チャレンジ!!

りょう手でも
ひいてみましょう
(右手は、1オクターブ上で
ひきましょう)

🎵 ⑯ ゆびの れんしゅう

(1)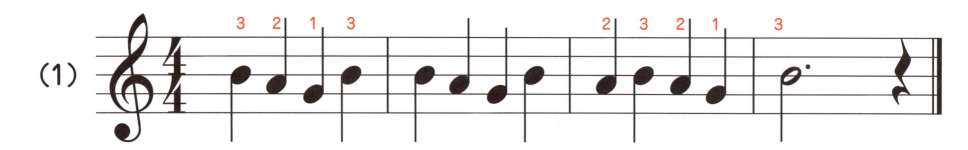

(2)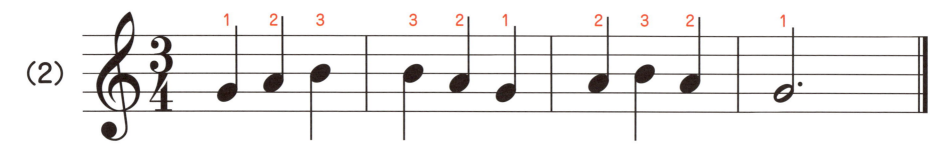

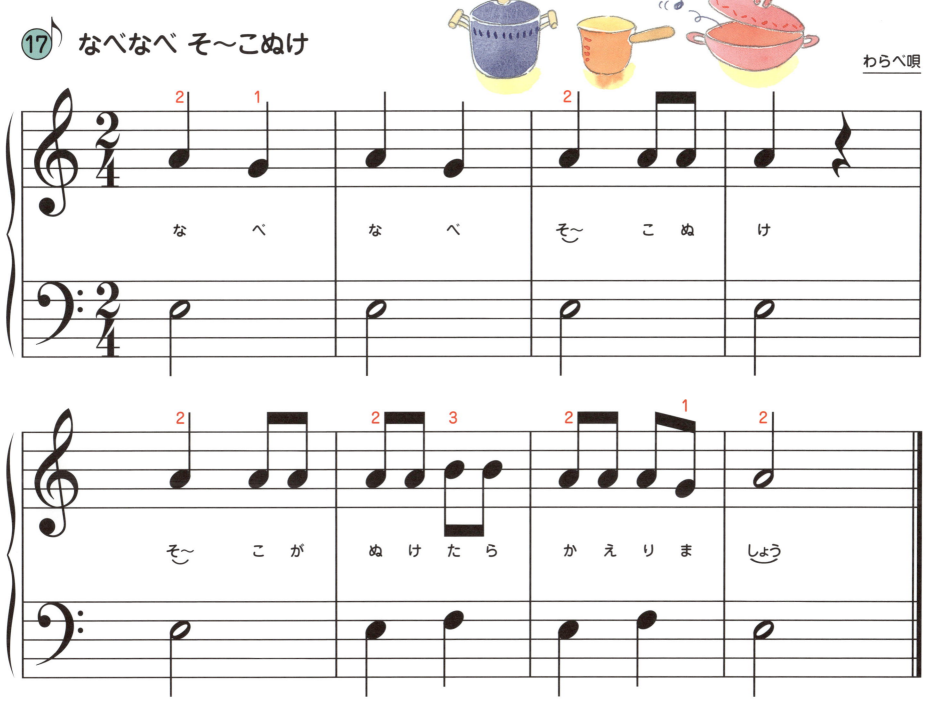

シャープを おぼえましょう

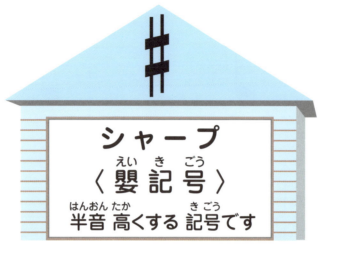

シャープ
〈嬰記号（えいきごう）〉
半音（はんおん）高（たか）くする 記号（きごう）です

♯（シャープ）の音（おと）を ひきましょう。（右（みぎ）どなりの 鍵盤（けんばん）を ひきます）

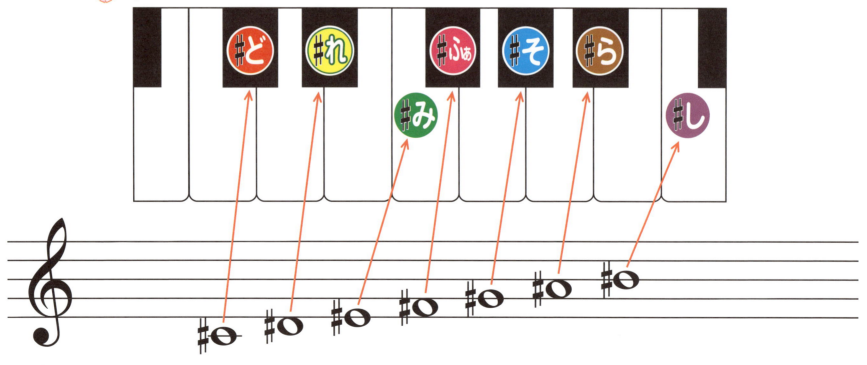

⑱ ふしぎな音

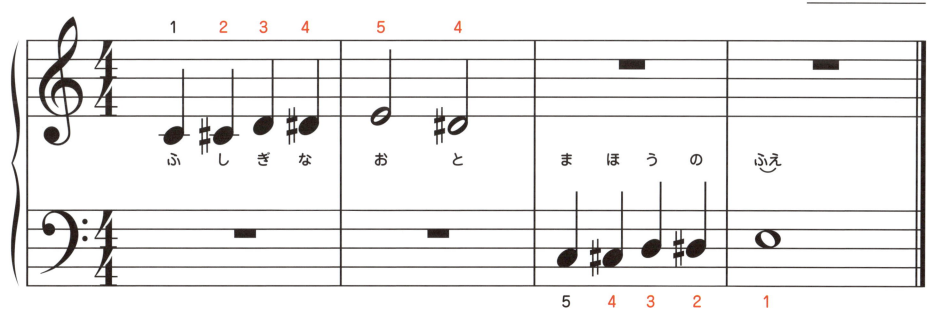

㉑ ようきな 怪獣

いちど ♯(シャープ)がついた音は、
同小せつ内は、♯をつけなくても
同じ音(♯のついている)になります。

ししくい たかえ曲

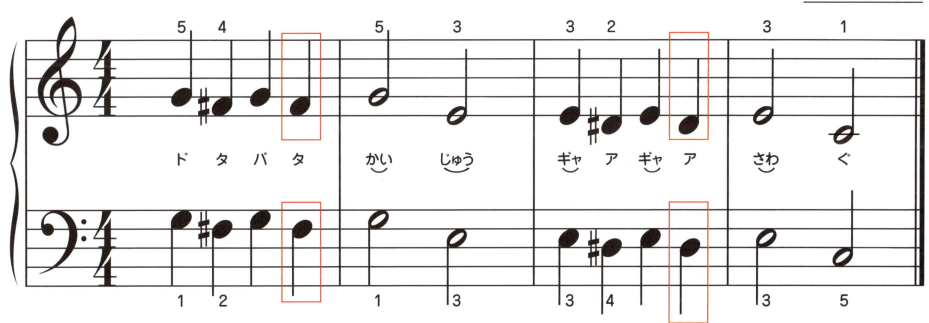

 トロイカ

ロシア民謡

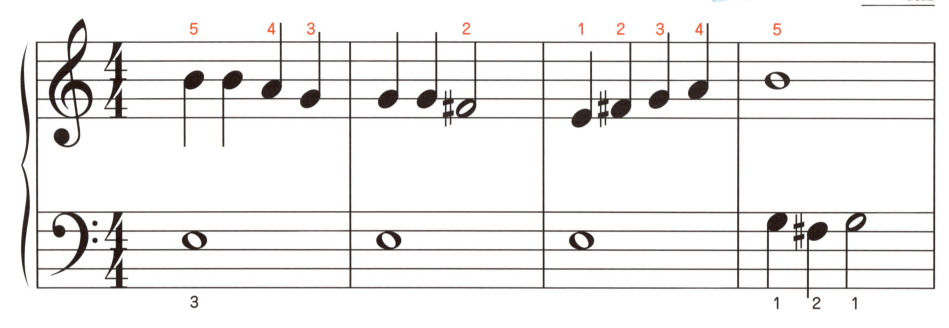
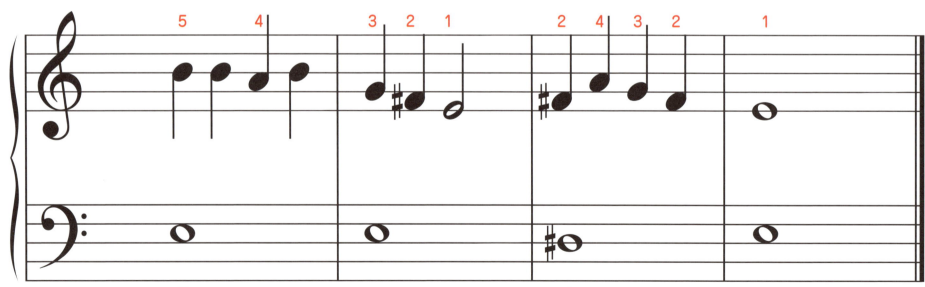

高い ど を ひきましょう

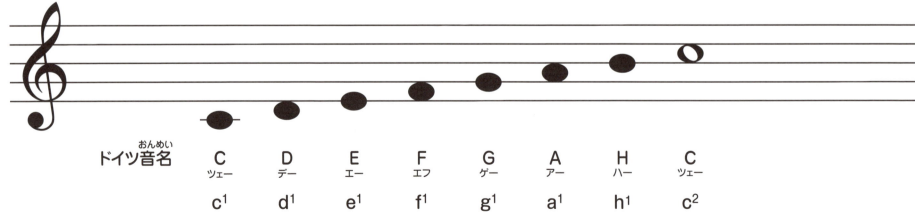

22 ゆびの れんしゅう

チャレンジ!!

りょう手でも
ひいてみましょう
（右手は、1オクターブ上で
ひきましょう）

23 ゆびの れんしゅう

(1)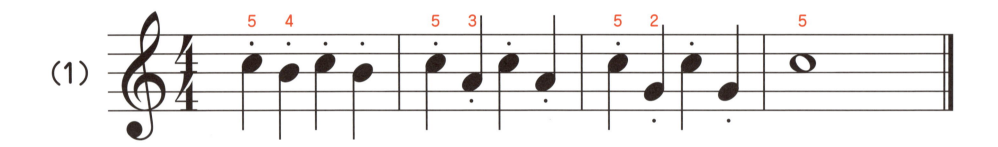

(2)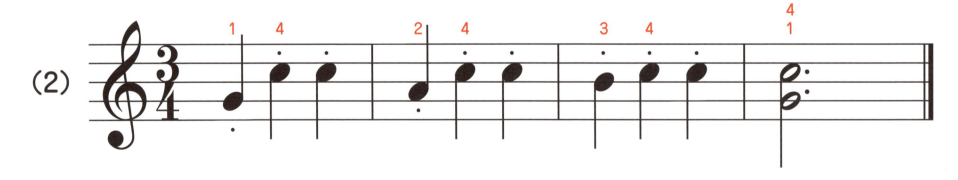

1オクターブの 指の使い方

(1) らしどを ひくための 指の使い方（右手）

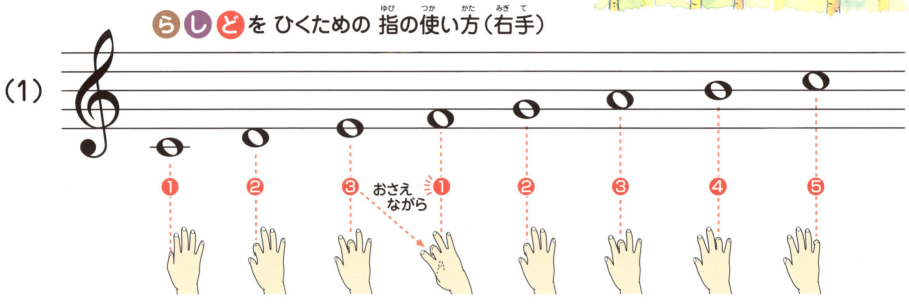

(2) らしどを ひくための 指の使い方（左手）

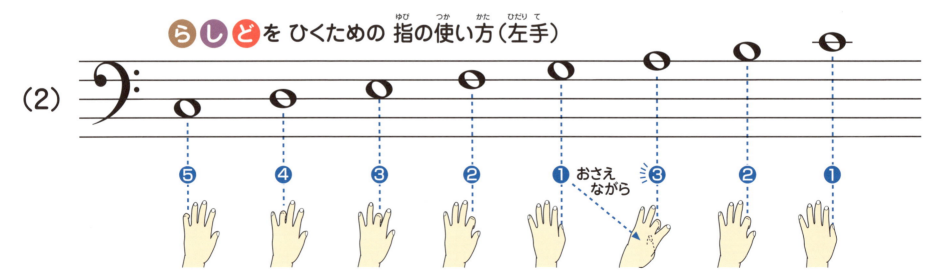

ドリル『ルン・ルン』幼児版 THREE（スリー）51〜53ページ

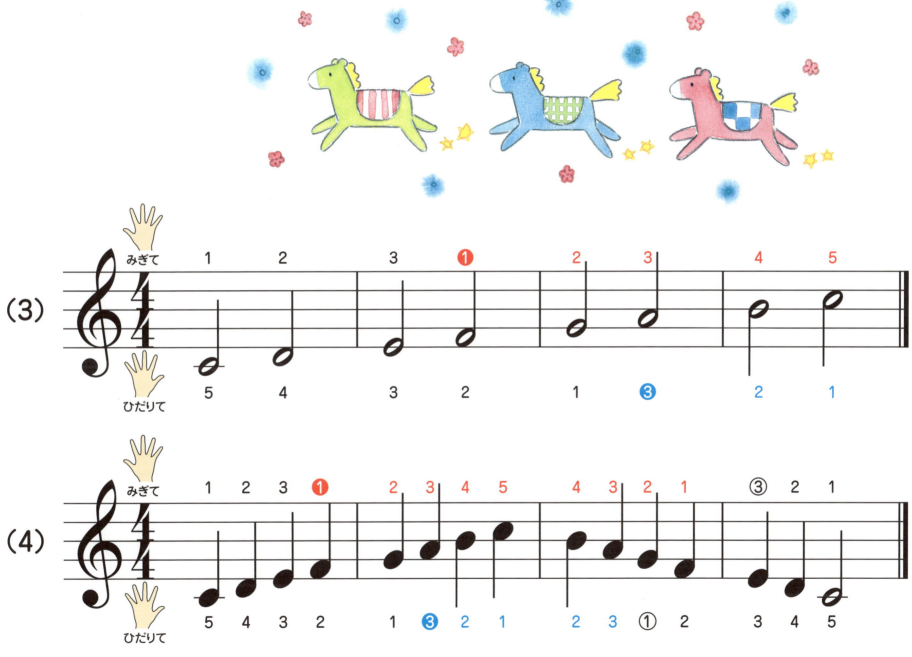

㉕ こぎつね

ドイツの 曲

26 大きなくりの木の下で

外国の曲
作詞者不明

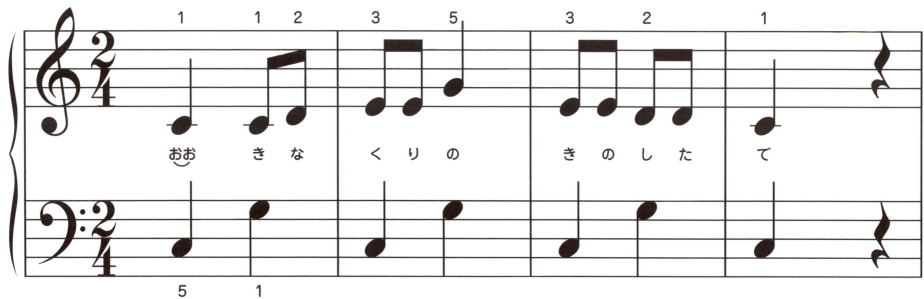

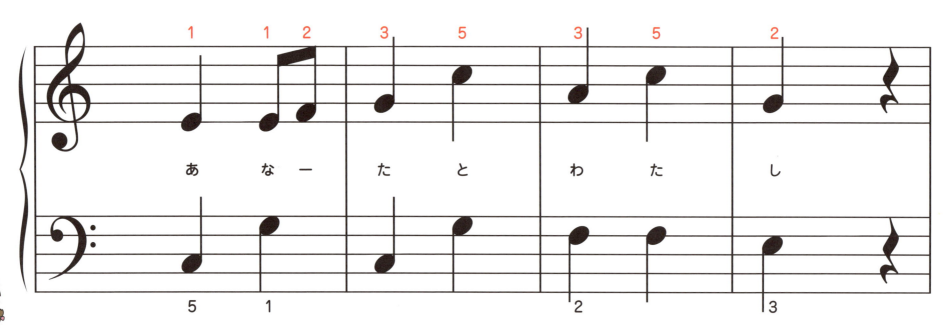

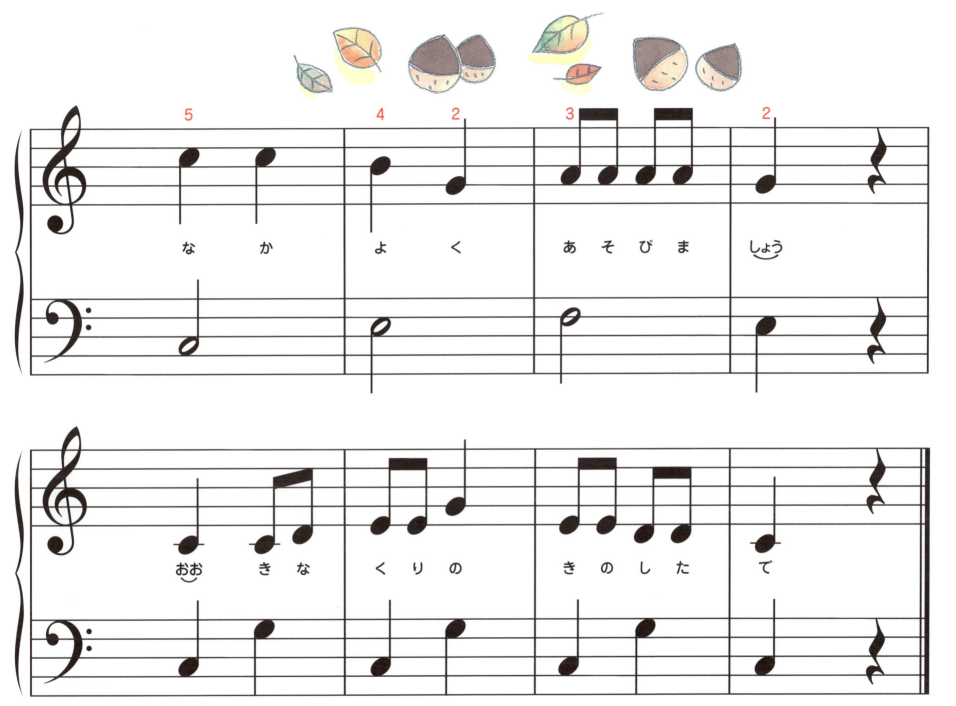

27 かっこう

ドイツの 曲

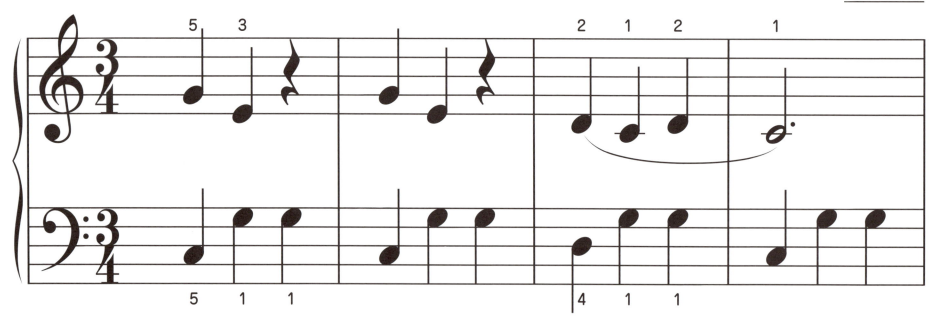

28 ゆめの中で

ししくいたかえ 曲

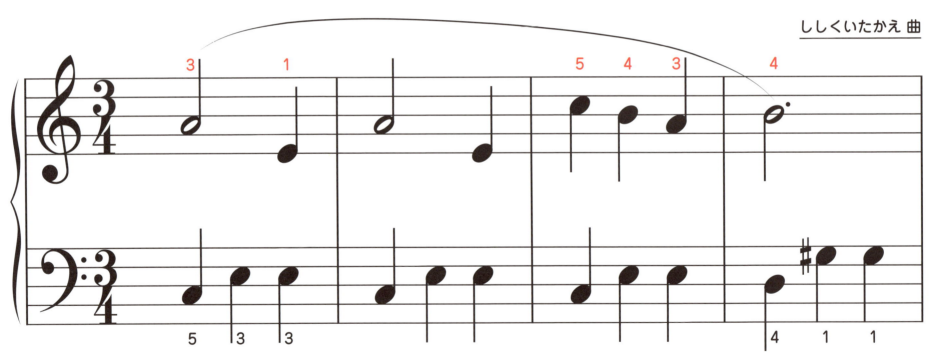

修 了 証 書

さん

あなたはとてもよくがんばり、ドレミランド「幼児版」の

学習をすべて修了しました。

つぎのレッスンからは、ドレミランド③へ

進む力があることを証します。

年　　　月　　　日

教　室　名

指　導　者　名

おめでとう!!

新刊 **全8巻**

かんたんに ひける はじめてのピアノ

ドレミランド

鹿喰 登江 著

情操教育の一環として、音楽性を高める事を願って幼児期から音楽教育を始めるのも当然の時代となりましたが、まだ幼ない子供にとって障害はなんといっても "読符" でしょう。
ドレミランドは、はじめてピアノを習う子供に、音の高低・長短を理解させ、自然に音符に馴染んで行けるよう、歌や読符・ハーモニーやリズム等の総合的な基礎をやさしく理解できるよう編集されたピアノ教本です。

本体価格
(各)1,100円(税込)
ドレミランド ①〜⑧

新刊 **全3巻**
かんたんに ひける はじめてのピアノ

ドレミランド 幼児版

鹿喰 登江 著

1	●ピアノのレッスンのまえに	●線と間	●音符と休符 ♩♩♪。♪ ⌐⌐	●両手の練習
	●指番号	●𝄞(ト音記号)	●左手	●和音の練習
	●ピアノの鍵盤	ド・レ・ミ・ファ・ソ	●𝄢(ヘ音記号)ド・ソ	

ドレミランド 幼児版

(ワン)	●ピアノのレッスンのまえ	●ピアノの鍵盤	●音符と休符 ♩♩♪。♪ ⌐⌐
	●指番号	●𝄞(ト音記号)ド・レ・ミ・ファ・ソ	●左手
(ツー)	●音の順番	●𝄢(ヘ音記号)	●和音伴奏
	●両手の練習	ド・レ・ミ・ファ・ソ	
(スリー)	●𝄞(ト音記号)ラ・シ・ド	●スタッカート	●五線：線・間 ●オクターブの指使い
	●スラー	●音符と休符	●♯(シャープ)

2	●𝄢(ヘ音記号)レ・ミ・ファ	●𝄞(ト音記号)ラ・シ・ド	●ハ長調の音階
	●スラー	●スタッカート	
	●音符と休符の種類	●♯(シャープ)	

3	●タイ・スラー	●ハ長調の音階と主要三和音	●ハ長調の主要三和音の転回形	●クレッシェンド・デクレッシェンド	●ト長調の音階と主要三和音
	●♭(フラット)	●分散和音	●二部形式	●♩・(付点4分音符)	
	●♮(ナチュラル)	●𝄞(ハ〜ハ)	●Ⅴ7(属七の和音)	●アウフタクト	

| 4 | ●ヘ長調の音階と主要三和音 | ●強弱記号 | ●加線 | ●三部形式 | ●6/8 拍子 | ●イ短調の主要三和音の転回形 |
| | ●ヘ長調の主要三和音の転回形 | ●16分音符と休符 | ●半音階 | ●反復記号 | ●イ短調の音階と主要三和音 | ●三連符 |

| 5 | ●全音と半音 | ●平行調 | ●ニ短調の音階と主要三和音 | ●ロ短調の音階と主要三和音 | ●変ロ長調の音階と主要三和音 | ●イ長調の音階と主要三和音 | ●転調 |
| | ●ペダルの練習 | ●ホ短調の音階と主要三和音 | ●ニ長調の音階と主要三和音 | ●オクターブ記号 | ●ト短調の音階と主要三和音 | ●嬰ヘ短調の音階と主要三和音 | |

| 6 | ●変ホ長調の音階と主要三和音 | ●三和音の転回形 | ●ホ長調の音階と主要三和音 | ●シンコペーション(切分音) | ●32分音符と32分休符 |
| | ●ハ短調の音階と主要三和音 | ●短前打音と長前打音(装飾音) | ●嬰ハ短調の音階と主要三和音 | ●複付点四分音符 | ●同主調 |

| 7 | ●変イ長調の音階と主要三和音 | ●変ニ長調の音階と主要三和音 | ●プラルトリラーとモルデント(装飾記号) | ●同主調 |
| | ●ヘ短調の音階と主要三和音 | ●変ロ短調の音階と主要三和音 | ●ターン(装飾記号) | ●強起と弱起 |

| 8 | ●ロ長調の音階と主要三和音 | ●変ト長調の音階と主要三和音 | ●増三和音と減三和音 | ●異名同音 |
| | ●嬰ト短調の音階と主要三和音 | ●変ホ短調の音階と主要三和音 | ●ダブルシャープとダブルフラット | ●五度圏 |

大好評シリーズ

レッスンを始めるにあたって、指導者は導入期に数あるドリルの中から導入、基礎、発展へと進めて行く上で何を選択するかまよわれることと思います。おんぷのドリル「ルン・ルン」のシリーズは①～②を導入編、③～⑤を基礎編、⑥～⑧を発展編と自然に導いていけるドリルです。

ピエロシリーズ 全8巻
おんぷのドリル ルン・ルン
鹿喰登江 著

特 長

1. テキストを生徒の視界エリアに考慮し、見やすく学習しやすいサイズになっています。
2. 各項目ごとに予告→練習→確認と、きめ細かく指導し、生徒の理解力向上を重視しています。
3. 説明を簡単にわかりやすく、幼児から小学生高学年まで無理なく進めます。
4. 最初の段階から黒鍵が出てきます。視覚と聴覚での相互学習で音感能力を促進させます。
5. レッスン日を記録出来るようにして、生徒の進展過程が保護者の方にもわかりやすくなっています。

新刊 全3巻
やさしく かんたんに おぼえられる
おんぷのドリル ルン・ルン 幼児版
鹿喰登江 著

①	②	③	④	⑤	⑥	⑦	⑧
導入編		基礎編			発展編		
●線と間	●復習 ド～ソ	●復習 ド～シ	●大譜表	●音名	●絶体音名	●長音階	●楽式
●ト音記号	●♩（2分音符）	●をかく	●ハ長調	●タイとスラー	●派生音	●短音階	●形式（1）
●ド・レ・ミ	●━（2分休符）	●符尾	●低い ラ・ソ	●ト長調	●派生音名	●平行調	一部・二部
●♩（4分音符）	●ラ・シ	●ド～シ	●ラ・シ	●調号	●32分音符と休符	●固定ドと移動ド	三部・小三部
●♪（4分休符）	●レ・ミ・ファ	●♭（フラット）	●加線	●ヘ長調	●ホ短調	●移調	●日本の音階
●ファ・ソ	●をかく	●♪（8分音符）	●ド・レ	●臨時記号	●ホ短調（主要三和音）	●転調	●その他の音階
●ヘ音記号	●━（全休符）	●♪（8分休符）	●♮（ナチュラル）	●反復記号	●強拍と弱拍	●長休符	●全音音階
●ド・ソ	●○（全音符）	●♪（4分音符）	●♪（16分音符）	●全音と半音	●拍子の種類	●複音程	●民族的な音階
	●♯（シャープ）	●ラ・シ・ド	●♪（16分休符）	●音程（2）	●副三和音	●強起と弱起	●調号（2）
	●♩．（付点2分音符）	●低い シ	●拍子記号	●和音（主要三和音）	●連 符	●完全小節と	●五度圏
		●♪．（付点4分音符）	●縦 線	●ガデンツ	●二短調	不完全小節	●近親調
		●和音	●小 節	●イ短調	●二短調（主要三和音）	●省略記号（Ⅰ）	●第二次近親調
		●強弱記号	●音 程（1）	●オクターブ記号	●複付点音符と休符	●省略記号（Ⅱ）	●音程（3）

幼児版

ONE（ワン）	TWO（ツー）	THREE（スリー）
●右手 左手	●ド・レ・ミ・ファ・ソ	●ラ・シ・ド
●指番号	●（ふてん2分おんぷ）	●音符と休符
●音の高・低	●（ヘ音記号）	
●ピアノの鍵盤	●ド・レ・ミ・ファ・ソ	●五線
●（ト音記号）	●和音（ド・ファ）	●線・間
●ド・レ・ミ・ファ・ソ	●リズム 4/4と3/4	●♯（シャープ）
●音符		
●休符		
●リズム		

（続き ⑤～⑧）

⑤	⑥	⑦	⑧
●三和音	●ダブルシャープ	●七の和音	●楽器と演奏形態
●スタッカート	●ダブルフラット	●属七の和音と	●形式（2）
●テヌート	●異名同音	減七の和音	複合二部と三部
●♪．（付点8分音符）	●シンコペーション	●転回和音	●形式（3）
●速度記号（1）	●速度記号（2）	●四和音の転回形	ソナタ・ロンド
強弱記号		●装飾音と	カノン・フーガ
p mp pp		装飾記号	●まとめ
f mf ff		●曲想・奏法に	①音符・休符
sf zf fp		関する用語	②記 号
			③全 調

好評発売中

遊びの中で自然と学べる「標語と記号」

おんがくかるた

音楽を学習させていくために重要な基礎知識（50種類）の「標語と記号」を、「楽しく・興味を持って・正しく」修得させられないものかと、上田明子・寺井和枝両先生が考案されたものです。

音楽を学習していく上で導入・基礎と進めていくと、「標語と記号」を理解しにくい生徒、意味を取り違える生徒、楽しいはずの音楽学習にわずらわしさを感じたり、難しく考えたりして興味が薄れたりする生徒などがいます。個々の生徒によって修得する課程に差があり、これらの問題を解決する方法はないものかと、上田・寺井両先生は常々考えておられ、指導者が集まればよく話題になっていたそうです。そこで先生方が考案されたのがこの「おんがくかるた」です。

音楽の基礎知識（音楽レッスンの指導・基礎、学校教育の中学課程位までに学ぶ「標語と記号」）を、遊びの中でごく自然な形でマスターでき、勘違いや理解の間違いもなく学べるように考案されています。

No.3-02-01
おんがくかるた
〈52枚×2〉
定価 1,200円

「おんがくかるた」の利点

レッスン等で正しく標語と記号を理解させるときにも、大変役立ちます。

- グループ・お友達・ご家族で、かるた遊びが楽しめます。
- 学習者のレベルに合わせ、記号を分けてかるた遊びができます。
  （例／音符記号・速度記号等を取り出してかるた遊びをする。）
- ひとりでも楽しく学習できます。

取り札（記号カード）だけでの使い方

この「おんがくかるた」は、学習者の年齢やレベルに合わせて、楽しく音楽標語や記号を学べるカードです。

例1 順に並べる
- 音符・休符の長い順・短い順に並べる。
- 強弱記号の強い順・弱い順に並べる。
- 速度記号の早い順・遅い順に並べる。

例2 探　す
- 音符・休符・強弱記号・速度記号に分類する。
- カードの標語・記号が楽譜のどこにあるのか探す。

例3 合わせる
- 音符と休符の同じ長さのカードを合わせる。
- 読み札と取り札の同じ標語・記号を合わせる。

例4 その他
- 時間内に何枚のカードの名前と意味が正しく言えるか。
- 音符・休符のカードを用いて、簡単なリズム語をつくる。
- ひとりで学習する。

など、色々な方法で指導に取り入れていただき、少しでも生徒さんの学習に役立てられればと思っております。

五カ国語音名が楽しみながら学べるカード

大好評!! おんぷカード

●くおんの「おんぷカード」は、レッスンや授業の中で、音名指導・音の高さ指導をするときに、生徒個々に持たせて使用して下さい。指導する時に、このカードを使ってレッスンや授業を進めることにより、生徒に今後必要となるイタリア音名・日本音名・ドイツ音名・英語音名（英・米）を、自然に学習させていくことができます。

48枚セット

おんぷカード	
ト音カード	21枚入り
ヘ音カード	21枚入り
その他	6枚入り
合計	48枚入り

裏面は五線におんぷを入れて、音階を楽しく理解できるようになっています。

●サイズ
おんぷカード（L）〈178mm×113mm〉
おんぷカード（S）〈102mm×65mm〉

●定価
おんぷカード（L）〈本体1,000円+税〉
おんぷカード（S）〈本体800円+税〉

「おんぷカードゲーム」を楽しもう!!

★**音合わせゲーム（2～4人）**

ト音21枚、ヘ音21枚のカードを音符の方を上に42枚バラバラに置き、トランプの数字合わせの要領で順番を決め、3枚づつめくって同じ音名を3枚合わせて数を競うゲームです。
ト音の同じ音名3枚（7組）
ヘ音の同じ音名3枚（7組）
6枚づつめくって、ト音・ヘ音の同じ音名6枚合わせもやってみよう。知らず知らずに音名が理解できるよ。

★**音調ゲーム（3～5人）**

ト音21枚、ヘ音21枚のカードを人数分に配り、「ど」のカードすべてを前に出し、トランプの7ならべの要領で「ど」から並べてゆく（高い方または、低い方のどちらからでもよい）。早くカードがなくなった方から順位を競うゲームです。
自分のカードの中に並べるものがない場合は、3回までパスできるようにしてもおもしろいよ。

●**著者紹介**

鹿喰　登江
1949年生まれ。
大阪音楽大学短期大学部卒業、
元大阪音楽大学附属音楽幼稚園ピアノ講師、
元大阪音楽大学附属音楽学園非常勤講師、
元ヤマハ音楽教室講師、

第10回ヤマハエレクトーン世界グランプリ大会審査員等、
音楽教育の発展育成に活躍。

現在エリーゼ音楽アカデミー(元エリーゼ音楽教室)（豊中教室・住吉教室・
西神中央教室・西神南教室）の主宰として33名の講師と共に生徒指導。
　元日本音楽審議会「地区審査委員」
　「良き指導者になる為の勉強会」主宰
　「グレード検定審議会」主宰
兵庫県神戸市在住

著書：おんぷのドリル「ルン・ルン」全8巻　　　（くおん出版）
　　　おんぷのドリル「ルン・ルン」幼児版 全3巻（くおん出版）
　　　はじめてのピアノ「ドレミランド」全8巻　（くおん出版）
　　　はじめてのピアノ「ドレミランド」幼児版 全3巻（くおん出版）
監修：おんぷカード　　　　　　　　　　　　　（くおん出版）等

●**イラストレーター紹介**

藤沢　しのぶ
1970年生まれ。
大阪市立デザイン教育研究所、ビジュアルデザインコース卒業。
数カ所のデザイン事務所を経てフリーに。
現在、書籍表紙・雑誌挿絵のイラストレーション、キャラクターデザインなど
中心に活動中。
兵庫県西宮市在住。

著　　　　者	鹿喰 登江
イラストレーション	藤沢 しのぶ
発 行 年 月 日	2005年 7月 1日　初版発行 2024年 6月 1日　第12版発行
発　行　人	吉川 秀雄
印刷・製本	株式会社 日研 印刷事業部
発　行　所	株式会社 日研　くおん出版事業部 〒577-0065大阪府東大阪市高井田中3丁目8番5号 TEL 大阪06 (6783) 1833 (代) FAX 大阪06 (6782) 3978

● 無断複製、転載を禁じます。
● 乱丁・落丁の場合は、当社にてお取り替えいたします。